나의 사랑하는 필사성경

바울서신

______________ 님에게

손으로 쓴 성경 말씀을

주님의 이름으로

축복하며 드립니다

나의 사랑하는 필사성경 : 바울서신

엮은이 | 두란노 편집부
초판 발행 | 2021. 1. 20

등록번호 | 제1988-000080호
등록된 곳 | 서울특별시 용산구 서빙고로 65길 38
발행처 | 사단법인 두란노서원
영업부 | 2078-3352   FAX | 080-749-3705
출판부 | 2078-3331

책값은 뒤표지에 있습니다.
ISBN 978-89-531-3943-5 04230 Printed in Korea
(세트) 978-89-531-3893-3 04230
독자의 의견을 기다립니다.
tpress@duranno.com www.duranno.com

두란노서원은 바울 사도가 3차 전도여행 때 에베소에서 성령 받은 제자들을 따로 세워 하나님의 말씀으로 양육하던 장소입니다. 사도행전 19장 8-20절의 정신에 따라 첫째 목회자를 돕는 사역과 평신도를 훈련시키는 사역, 둘째 세계선교(TIM)와 문서선교(단행본·잡지) 사역, 셋째 예수문화 및 경배와 찬양 사역, 그리고 가정·상담 사역 등을 감당하고 있습니다. 1980년 12월 22일에 창립된 두란노서원은 주님 오실 때까지 이 사역들을 계속할 것입니다.

나의 사랑하는 필사성경

바울서신

로마서-히브리서

필사하는 이 :

시작한 날 : . . .

마친 날 : . . .

두란노

• 일러두기

1. 《나의 사랑하는 필사성경》은 성도들이 가장 사랑하는 성경 본문을 한 권씩 낱권 필사하기 위해 기획되었습니다.
2. 성경 각 권의 말씀을 필사하기 전에 이해를 돕기 위해 해당 본문의 개요를 수록했습니다.
3. 성경 본문 구성은 장과 절을 표기해 두었고, 개역개정 말씀을 근거로 배치되었습니다.
4. 바울서신 중 좋아하는 성경 본문을 먼저 필사해도 상관없습니다.
5. 성경 한 장을 다 쓰고 나면, 소리내어 성경을 읽어 보면서 오타나 잘못 표기된 곳이 없는지 점검하고 수정하면 좋습니다. 조용히 필사한 후 소리내어 읽을 때 말씀의 이중 은혜가 있습니다. 시간을 정하고 쓰되, 너무 오랜 시간 집중하지 않도록 조절하십시오.

필사를 시작하는 기도

말씀으로 오신 주님,
오늘부터 말씀을 필사하기 원합니다.
마음과 뜻과 정성을 다해
필사할 수 있도록 은혜 주옵소서.
말씀을 읽고 또박또박 쓰면서
말씀이 머리로, 머리에서 마음으로,
마음에서 삶으로 이어지게 하옵소서.
이 한 권의 필사를 마치는 날까지
주님과 더 가까이 만나고
깊이 사귀는 은혜를 소망하며
예수님의 이름으로 기도드립니다. 아멘

활용하기

1. 《나의 사랑하는 필사성경》은 나의 사랑하는 사람들에게 선물해 보세요. 한 권 한 권 사랑하는 본문을 골라 다 쓰고 난 후 기도의 마음을 담아 "세상 하나뿐인 성경"으로 선물할 수 있습니다. 전도하고 싶은 가족, 중보기도 대상자, 작정기도 중인 분들을 위해 기도하며 말씀으로 응원하세요. 말씀은 살아 움직이는 힘이 있습니다.

2. 《나의 사랑하는 필사성경》을 작정기도 중일 때 활용해 보세요. 하루하루 작정기도를 마치고 나서 필사 시간을 정해 말씀을 쓰면서 주님의 응답을 들어 보세요. 주님은 말씀으로 우리의 기도에 응답하십니다.

3. 《나의 사랑하는 필사성경》을 인생의 중요한 일을 앞두고 써 보세요. 또는 투병 중인 환우들, 결혼을 앞둔 커플들, 독립하거나 미래를 위해 떠나는 자녀들을 위해 한 줄 한 줄 말씀을 써 보세요. 선물로 주든 내가 간직하든 필사를 통해 마음이 치유되고 소망과 기쁨이 말씀 위에 단단히 세워지는 것을 경험할 것입니다.

4. 《나의 사랑하는 필사성경》을 모아 보세요. 가족이나 소그룹 구성원들과 함께 나눠서, 만나지 못할 때 각자의 자리에서 한 권씩 시작하고 성경을 모아 가정이나 소그룹의 신앙 유산으로 간직하고 물려주세요. 누구든 말씀으로 인생의 변환점을 목도하게 될 것입니다.

○ 필사를 시작하기 전에 글씨 크기와 줄 간격을 확인해 보세요.

1 예수 그리스도의 종 바울은 사도로
부르심을 받아 하나님의 복음을
위하여 택정함을 입었으니

2

3

4

5

6

7

8

9

10

11

12

13

14

바울서신 개요

바울서신은 신약성경 중 사도 바울이 기록한 편지들로, 로마서에서부터 빌레몬서까지를 가리킨다. 이와 함께 본서에서는 히브리서를 포함시켰는데, 히브리서의 저자는 명확히 알 수 없으나 바울도 추정 저자 중 한 명이라는 의견과 필사라는 순수한 목적에 부합하기 때문임을 밝힌다.

신약성경 총 27권 가운데 절반을 기록한 사도 바울은 길리기아 다소에서 태어난 로마 시민이다. 그는 히브리인 중의 히브리인이요 율법으로는 바리새인이요(빌 3:5), 당대 유명한 율법학자인 가말리엘 아래 수학한 수재이기도 하다(행 22:3). 바울은 그리스도인들을 핍박하기 위해 다메섹으로 가던 중 빛으로 오신 예수님을 만나 회심했고 이후 '이방인의 사도'라는 별명을 얻기까지 복음을 전하는 데 일생을 헌신했다. 바울의 삶의 목적은 그리스도를 영화롭게 하는 것이었다(빌 1:21).

바울서신은 수신자에 따라 교회서신과 개인서신으로 구분된다. 먼저 교회를 대상으로 한 교회서신은 총 9편이며 로마서, 고린도전후서, 갈라디아서, 에베소서, 빌립보서, 골로새서, 데살로니가전후서다. 교회서신에는 교회 교리 및 교회를 연합하게 하시는 하나님의 목적이 잘 설명되어 있다. 다음으로, 개인을 대상으로 한 개인서신은 총 4편이며 디모데전후서, 디도서, 빌레몬서인데, 이중 디모데전후서와 디도서는 바울이 목회자인 디모데와 디도의 목회를 돕고자 쓴 목회서신으로 분류되기도 한다. 바울서신 중에서 그가 주후 60-62년경 로마에 가택 연금을 당한 상태에서 기록한 편지를 옥중서신이라 하는데 총 4편으로 에베소서, 빌립보서, 골로새서, 빌레몬서다.

서신을 기록한 장소와 시간은 학자마다 다르지만 서신 전체를 관통하는 중심 메시지는 분명하다. 바로 "예수 그리스도의 복음, 오직 주님"이다. 바울은 3차에 걸친 전도 여행과 2차에 걸친 투옥에도 서신을 통해 복음의 유일성, 지상 교회의 목적, 올바른 교회 생활에 대해 권면하였다. 이 서신들을 필사할 때마다 예수 그리스도의 복음이 삶이 되는, 점점 그리스도를 닮아 가는 놀라운 기적을 경험하게 될 것이다.

로마서

대상 : 로마 성도들

목적 : 로마에 있는 성도들에게 복음을 온전히 설명하고, 복음 안에서 유대인과 이방인이 하나 됨을 알려 주기 위함이다.

주제 : 복음에서 드러나는 하나님의 의

구절 : "내가 복음을 부끄러워하지 아니하노니 이 복음은 모든 믿는 자에게 구원을 주시는 하나님의 능력이 됨이라 먼저는 유대인에게요 그리고 헬라인에게로다 복음에는 하나님의 의가 나타나서 믿음으로 믿음에 이르게 하나니 기록된 바 오직 의인은 믿음으로 말미암아 살리라 함과 같으니라"(롬 1:16-17).

내용 : '성경의 꽃'이라고 불리는 로마서(총 16장)는 사도 바울이 제3차 전도 여행에서 고린도 지역을 세 번째 방문했을 때 기록한 서신이다. 당시 교회는 로마 황제 네로에 의한 기독교 박해로 극심한 고난을 당하던 때였다. 사도 바울은 끝까지 믿음을 지키고자 했으며, 복음의 정수(精髓)를 그리스도인에게 가르쳐 주려고 했다.

로마서는 그리스도인들에게 가장 사랑받는 책 중 하나이며 바울 서신 중에서 가장 중요한 서신 중 하나로 평가받는다. '복음의 교과서이자 성경 본문 전체를 여는 열쇠'로서 기독교 구원론과 성경 신학의 핵심이 담겨 있다. 1-11장은 '믿음으로 의롭게 됨'을 다루고, 12-16장은 '믿음으로 의롭게 된 성도의 삶에 대해서' 말한다.

로마서에서 강조하는 의는 예수 그리스도 안에 있는 믿음을 통해서만 얻어질 수 있다. 종교개혁자 마르틴 루터(Martin Luther)는 로마서야말로 "가장 분명한 복음"이라고 말했고, 존 칼빈(John Calvin)은 로마서 말씀을 바탕으로 "오직 믿음(Sola Fide)! 오직 은혜(Sola Gratia)! 오직 성경(Sola Scriptura)!"이라는 종교개혁의 기치를 마련했다.

기독교 교리 집약서인 로마서에는 그리스도인으로서 반드시 이해하고 넘어가야 하는 키워드가 여럿 등장하는데, '선택', '구속', '대속', '속죄', '칭의', '성화', '영화' 등이다. 한 절, 한 절 필사하다 보면 정리되지 않던 로마서의 핵심 주제가 또렷이 새겨지게 될 것이다.

1

2

3

4

5

6

7

8

9

10

11

12

13

14

15

16

17

18

19

20

21

22

23

24

25

26

27

28

29

30

31

32

2

2

3

4

5

6

7

8

9

10

11

12

13

14

15

16

17

18

19

20

21

22

23

24

25

26

27

28

29

3

2

3

4

5

6

7

8

9

10

11

12

13

14

15

16

17

18

19

20

21

22

23

24

25

26

27

28

29

30

31

4

2

3

4

5

6

7

8

9

10

11

12

13

14

15

16

17

18

19

20

21

22

23

24

25

5

2

3

4

5

6

7

8

9

10

11

12

13

14

15

16

17

18

19

20

21

6

2

3

4

5

6

7

8

9

10

11

12

13

14

15

16

17

18

19

20

21

22

23

7

2

3

4

5

6

7

8

9

10

11

12

13

14

15

16

17

18

19

20

21

22

23

24

25

8

2

3

4

5

6

7

8

9

10

11

12

13

14

15

16

17

18

19

20

21

22

23

24

25

26

27

28

29

30

31

32

33

34

35

36

37

38

39

9

3

4

5

6

7

8

9

10

11

12

13

14

15

16

17

18

19

20

21

22

23

24

25

26

27

28

29

30

31

32

33

10

2

3

4

5

6

7

8

9

10

11

12

13

14

15

16

17

18

19

20

21

11

2

3

4

5

6

7

8

9

10

11

12

13

14

15

16

17

18

19

20

21

22

23

24

25

26

27

28

29

30

31

32

33

34

35

36

12

2

3

4
5
6
7
8
9
10
11
12
13
14
15
16
17
18
19
20
21

13

2

3

4

5

6

7

8

9

10

11

12

13

14

14

2

3

4

5

6

7

8

9

10

11

12

13

14

15

16

17

18

19

20

21

22

23

15

2

3

4

5

6

7

8

9

10

11

12

13

14

15

16

17

18

19

20

21

22

23

24

25

26

27

28

29

30

31

32

33

16

2

3

4

5

6

7

8

9

10

11

12

13

14

15

16

17

18

19

20

21

22

23

24

25

26

27

고린도전서

대상 : 고린도 성도들

목적 : 고린도 교회에 발생한 여러 갈등과 문제들에 대해 해답을 제시하고 거짓 교사들에 대처하게 하기 위함이다.

주제 : 그리스도는 하나님의 지혜이시다.

구절 : "오직 부르심을 받은 자들에게는 유대인이나 헬라인이나 그리스도는 하나님의 능력이요 하나님의 지혜니라"(고전 1:24).

내용 : 사도 바울이 고린도 성도들에게 보낸 편지(총 16장)로서, 교회 생활을 하면서 발생할 수 있는 여러 문제들에 대한 실제적인 지침서라고 할 수 있다. 고린도 교회는 바울이 제2차 전도 여행 중에 세운 교회이고, 바울은 고린도에서 1년 반 동안 머물며 사역했다.

바울은 제3차 전도 여행 중 에베소에서 3년간의 사역을 마칠 무렵 고린도 교회에 대한 반갑지 않은 소식을 듣게 되는데, 이에 대한 답을 1-6장에 기록했다. 또한 고린도 교회 내에 발생한 여러 갈등과 문제에 대해 질문하는 내용이 담긴 서신을 받고, 그 답을 7-16장에 적었다. 바울은 급히 디모데를 고린도 교회에 보내면서 이 편지를 썼다.

당시 고린도는 3개의 큰 항구를 가진 상업 도시로서, 성적인 타락 및 우상 숭배가 만연해 영적, 도덕적으로 문란했다. 아울러 고린도 성도들은 교회 내에서 여러 갈래로 나뉜 파당 문제로 난관에 부딪쳤다. 이러한 고린도 교회에 대한 사도 바울의 해결책은 13장 '사랑장'을 통해 그 답을 알 수 있다. 파당 문제나 은사 문제로 갈등하는 성도들을 하나로 묶는 유일한 힘은 바로 사랑이다.

바울은 하나님의 지혜의 우월함을 강조하며 고린도 성도들에게 보내는 편지를 시작했다. 이어서 교회 안의 분쟁을 바로잡으며 하나 될 것을 강조한다. 교회에서 발생할 수 있는 여러 갈등과 문제들에 대한 답변이 이어지는데, 그 주제는 "결혼", "그리스도인의 자유", "부활", "가난한 자들을 위한 연보" 등이다.

신앙생활을 하다가 교회에서 해결하기 어려운 문제를 만나면 필사해 둔 고린도전서를 차근차근 읽기를 추천한다. 고린도전서에 기록된 바울의 책망과 교훈을 묵상하다 보면 해결 방법이 보일 것이다.

1

2

3

4

5

6

7

8

9

10

11

12

13

14

15

16

17

18

19

20

21

22

23

24

25

26

27

28

29

30

31

2

2

3

4

5

6

7

8

9

10

11

12

13

14

15

16

3

2

3

4

5

6

7

8

9

10

11

12

13

14

15

16

17

18

19

20

21

22

23

4

2

3

4

5

6

7

8

9

10

11

12

13

14

15

16

17

18

19

20

21

5

2

3

4

5

6

7

8

9

10

11

12

13

6

2

3

4

5

6

7

8

9

10

11

12

13

14

15

16

17

18

19

20

7

2

3

4

5

6

7

8

9

10

11

12

13

14

15

16

17

18

19

20

21

22

23

24

25

26

27

28

29

30

31
32
33
34
35
36
37
38
39
40
8
2

3

4

5

6

7

8

9

10

11

12

13

9

2

3

4
5

6

7

8

9

10

11

12

13

14

15

16

17

18

19

20

21

22

23

24

25

26

27

10

2

3

4

5

6

7

8

9

10

11

12

13

14

15

16

17

18

19

20

21

22

23

24

25

26

27

28

29

30

31

32

33

11

2

3

4

5

6

7

8

9

10

11

12

13

14

15

16

17

18

19

20

21

22

23

24

25

26

27

28

29

30

31

32

33

34

12

2

3

4

5

6

7

8

9

10

11

12

13

14

15

16

17

18

19

20

21

22

23

24

25

26

27

28

29

30

31

13

2

3

4

5

6

7

8

9

10

11

12

13

14

2

3

4

5

6

7

8

9

10

11

12

13

14

15

16

17

18

19

20

21

22

23

24

25

26

27

28

29

30

31

32

33

34

35

36

37

38

39

40

15

2

3

4

5

6

7

8

9

10

11

12

13

14

15

16

17

18

19

20

21

22

23

24

25

26

27

28

29

30

31

32

33

34

35

36

37

38

39

40

41

42

43

44

45

46

47

48

49

50

51

52

53

54

55

56

57

58

16

2

3

4

5

6

7

8

9

10

11

12

13

14

15

16

17

18

19

20

21

22

23

24

고린도후서

대상 : 고린도 성도들

목적 : 사도 바울의 가르침에 순종하는 성도들에게 기쁨과 사랑을 표현하고, 자신의 사도권을 주장함으로 거짓 교사들을 책망하기 위함이다.

주제 : 우리 하나님은 위로의 하나님이시다.

구절 : "찬송하리로다 그는 우리 주 예수 그리스도의 하나님이시요 자비의 아버지시요 모든 위로의 하나님이시며"(고후 1:3).

내용 : 고린도후서는 사도 바울이 제3차 전도 여행 중 마게도냐 빌립보에서 썼다. 당시 바울은 디도를 만났는데, 디도를 통해 고린도 교회에 보낸 편지를 읽은 고린도 성도들이 회개했다는 기쁜 소식을 듣고 감사한 마음에, 또한 예루살렘 교회를 돕기 위한 연보를 요청하고자 고린도전서에 이어 후서(총 13장)를 썼다.

아울러 당시 일부 고린도 성도들 사이에서는 바울의 사도권에 대한 의심이 여전했는데, 자신의 사도권에 대해 덧붙여 변호하기도 했다. 그런데 아이러니하게도 바울은 그의 사도로서의 약점을 자랑함으로써 오히려 그가 참된 사도임을 증거했다. 또한 바울은 이 편지를 통해 여전한 교회 내 성도들 사이에서 불거진 분쟁과 갈등을 해결하고자 했다.

고린도전서와 후서는 수신인이 같지만 분위기는 사뭇 다르다. 고린도전서에서는 고린도 성도들을 징계했다면, 후서에서는 그들을 위로하고 감사하는 내용을 담고 있기 때문이다. 그런 이유로 전자는 "교회 생활 지침서"라는 주제에 맞게 메시지가 객관적이고 실제적인 데 반해, 후자는 바울의 사역 편지로서 친근한 목자 같은 목회자의 음성을 듣는 듯한 느낌을 준다. 따라서 고린도후서는 매우 주관적이고 개인적이며, 인간적이고 친밀하다.

바울이 시간을 뚫고 21세기 현대 교회에서 신앙생활을 하고 있는 나에게 보내는 친필 편지라 생각하고 고린도후서를 필사해 보자.

1

2

3

4

5

6

7

8

9

10

11

12

13

14

15

16

17

18

19

20

21

22

23

24

2

2

3

4

5

6

7

8

9

10

11

12

13

14

15

16

17

3

2

3

4

5

6

7

8

9

10

11

12

13

14

15

16

17

18

4

2

3

4

5

6

7

8

9

10

11

12

13

14

15

16

17

18

5

2

3

4

5

6

7

8

9

10

11

12

13

14

15

16

17

18

19

20

21

6

2

3

4

5

6

7

8

9

10

11

12

13

14

15

16

17

18

7

2

3

4

5

6

7

8

9

10

11

12

13

14

15

16

8

2

3

4

5

6

7

8

9

10

11

12

13

14

15

16

17

18

19

20

21

22

23

24

9

2

3

4

5

6

7

8

9

10

11

12

13

14

15

10

2

3

4

5

6

7

8

9

10

11

12

13

14

15

16

17

18

11

2

3

4

5

6

7

8

9

10

11

12

13

14

15

16

17

18

19

20

21

22

23

24

25

26

27

28

29

30

31

32

33

12

2

3

4

5

6

7

8

9

10

11

12

13

14

15

16

17

18

19

20

21

13

2

3

4

5

6

7

8

9

10

11

12

13

갈라디아서

대상 : 갈라디아 성도들

목적 : 바울의 사도권을 변증하고 복음의 순수성을 보존하기 위함이다.

주제 : 행위가 아닌 믿음으로, 율법이 아닌 은혜로 구원받는다.

구절 : "내가 그리스도와 함께 십자가에 못 박혔나니 그런즉 이제는 내가 사는 것이 아니요 오직 내 안에 그리스도께서 사시는 것이라 이제 내가 육체 가운데 사는 것은 나를 사랑하사 나를 위하여 자기 자신을 버리신 하나님의 아들을 믿는 믿음 안에서 사는 것이라"(갈 2:20).

내용 : 갈라디아서는 6장으로, 율법과 복음에 대해 짧지만 강력한 메시지를 담고 있다. 갈라디아 교회는 바울이 제1차 전도 여행 중 유대인들의 박해를 피해 세운 교회로, 당시 교회에는 바울의 사도권을 의심하고 '율법에 순종하면 구원받는다'는 다른 복음을 전하는 거짓 교사들의 활동으로 대혼란이 일어났다. 이는 갈라디아 성도들이 기독교로 개종한 지 얼마 되지 않은 초신자들이라 율법과 복음을 혼동했기 때문이다. 바울은 이에 대해 한마디로, "다른 복음은 없다"고 천명하며(갈 1:7), 이어서 '오직 그리스도를 믿는 믿음으로 구원받는다', '구원받은 성도는 그리스도 안에서 자유를 누리는 가운데 성령의 열매를 맺어야 한다'는 진정한 복음을 가르쳐 주고자 갈라디아서를 썼다.

갈라디아서는 로마서와 마찬가지로 '이신칭의' 교리를 가르치기에 '짧은 로마서'라는 별명이 있다. '그리스도인의 자유 대헌장'이라고도 불리는데, 이는 갈라디아서가 구원은 하나님의 은혜로써 믿음으로 말미암으며, 율법으로부터의 온전한 자유를 선언하기 때문이다.

1-2장에서는 바울의 사도권을 주장하는 내용이 나오고, 3-4장에서는 '믿음으로 의롭게 된다', 즉 '이신칭의' 교리에 관한 메시지가 선포된다. 마지막으로 5-6장에서는 '의롭게 된 성도가 그리스도 안에서 누리는 자유'를 이야기한다. 특히 5장 22-23절에는 성령의 열매가 나오는데, 구원받은 성도가 삶에서 맺어야 하는 9가지 성품(사랑, 희락, 화평, 오래 참음, 자비, 양선, 충성, 온유, 절제)을 의미한다.

율법과 복음 사이를 오가며 흔들릴 때 갈라디아서를 필사하자. '작은 로마서'가 우리를 굳건한 신앙으로 인도할 것이다.

1

2

3

4

5

6

7

8

9

10

11

12

13

14

15

16

17

18

19

20

21

22

23

24

2

2

3

4

5

6

7

8

9

10

11

12

13

14

15

16

17

18

19

20

21

3

2

3

4

5

6

7

8

9

10

11

12

13

14

15

16

17

18

19

20

21

22

23

24

25

26

27

28

29

4

2

3

4

5

6

7

8

9

10

11

12

13

14

15

16

17

18

19

20

21

22

23

24

25

26

27

28

29

30

31

5

2

3

4

5

6

7

8

9

10

11

12

13

14

15

16

17

18

19

20

21

22

23

24

25

26

6

2

3

4

5

6

7

8

9

10

11

12

13

14

15

16

17

18

에베소서

대상 : 에베소 성도들

목적 : 성도들에게 주어진 신령한 복과 교회는 그리스도 안에서 한 몸이요 지체라는 공동체 의식을 일깨워 주기 위함이다.

주제 : 건강한 그리스도의 교회

구절 : "찬송하리로다 하나님 곧 우리 주 예수 그리스도의 아버지께서 그리스도 안에서 하늘에 속한 모든 신령한 복을 우리에게 주시되 곧 창세전에 그리스도 안에서 우리를 택하사"(엡 1:3-4).

내용 : 에베소서는 바울이 로마 감옥에 1차로 갇혀 있을 때 기록한 4대 옥중서신(에베소서, 빌립보서, 골로새서, 빌레몬서) 중 가장 먼저 쓰인 편지다. 에베소서는 교리적으로 완벽하고 논리 정연한 특징을 가지기에 '서신서들의 여왕'이라는 별명을 가지고 있으며, '바울 서신서들 중 백미'라고 불리기도 한다.

6장으로 이루어진 에베소서에서 바울은 그리스도의 몸인 교회가 어떻게 시작되는지를 1-3장에 걸쳐 설명한다. 4-6장에서는 그리스도 안에서 새로운 삶을 사는 법을 이야기한다.

에베소는 당시 로마 식민지로서 로마 제국에서 네 번째로 큰 국제 무역 도시였으며, 세계 7대 불가사의 중 하나로 꼽히는 아데미(아르테미스) 신전이 있던 곳으로 각종 우상 숭배가 만연한 곳이었다. 바울은 제2차 전도 여행 때 에베소에 잠시 머물러 복음을 증거했고, 제3차 전도 여행 때는 에베소의 두란노 서원에서 2년 넘게 강론을 하기도 했다. 사랑하는 영적인 아들이자 목회자 디모데를 파송한 교회도 에베소 교회다. 사도행전 20장 17-38절에는 바울이 에베소 장로들을 향해 고별 설교한 내용과 크게 울며 헤어지는 장면이 기록되어 있는데, 구구절절 바울의 사랑과 부르심에 대한 소명이 묻어난다.

요한계시록에 나오는 일곱 교회 가운데 하나인 에베소 교회는 예수님으로부터 처음 사랑을 버렸다는 책망을 받았다(계 2:4). 구원의 감격을 잊은 채 겨우 숨만 붙어 있는 신앙인의 삶에 만족하고 있다면 에베소 성도들을 향한 바울의 가르침에 귀 기울이라. 필사하는 동안 첫사랑이 어느새 회복되고 있을 것이다.

1

2

3

4

5

6

7

8

9

10

11

12

13

14

15

16

17

18

19

20

21

22

23

2

2

3

4

5

6

7

8

9

10

11

12

13

14

15

16

17

18

19

20

21

22

3

2

3

4

5

6

7

8

9

10

11

12

13

14

15

16

17

18

19

20

21

4

2

3

4

5

6

7

8

9

10

11

12

13

14

15

16

17

18

19

20

21

22

23

24

25

26

27

28

29

30

31

32

5

2

3

4

5

6

7

8

9

10

11

12

13

14

15

16

17

18

19

20

21

22

23

24

25

26

27

28

29

30

31

32

33

6

2

3

4

5

6

7

8

9

10

11

12

13

14

15

16

17

18

19

20

21

22

23

24

빌립보서

대상 : 빌립보 성도들

목적 : 물심양면으로 바울을 도와준 빌립보 성도들에게 감사한 마음을 전하고, 그리스도 안에 참된 기쁨이 있음을 알려 주기 위해, 또한 거짓 교사들의 잘못된 가르침을 경고하기 위함이다.

주제 : 복음에 합당한 그리스도인의 삶을 살라.

구절 : "주 안에서 항상 기뻐하라 내가 다시 말하노니 기뻐하라"(빌 4:4).

내용 : 옥중서신에 속하는 빌립보서는 교리적인 에베소서와 달리, 빌레몬서와 더불어 윤리적이고 개인적인 편지의 성격을 띤다. 바울이 제2차 전도 여행 중에 드로아에서 마게도냐로 건너가 유럽 최초로 세운 교회인 빌립보 교회 성도들에게 보낸 서신(총 4장)이다.

빌립보는 '말'(馬)이라는 뜻으로, 마게도냐 지역의 가장 큰 도시였는데 주후 350년경 빌립 2세가 자기 이름을 따라 '빌립보'라고 이름 지었으며, 이후 로마의 식민지가 되어 대부분의 사람들이 로마 시민권자들이었다. 또한 로마의 군사적 전초 기지로 아시아와 연결되는 중요한 기로에 자리하고 있었기에 다민족이 거주했으며 다양한 사상과 종교가 혼재했다. 빌립보 교회는 자주 장사 루디아와 귀신 들린 여종, 빌립보 감옥의 간수를 중심으로 세워졌다.

빌립보 성도들은 바울이 데살로니가에 있을 때도, 마게도냐를 떠난 후에도 바울을 재정적으로 후원했고, 로마 감옥에 갇혀 있을 때는 에바브로디도를 통해 쓸 것을 보내 주었다. 바울은 애정과 감사를 듬뿍 담아 이 편지를 써서 에바브로디도 편으로 보냈다.

'기쁨의 서신'이라는 별명처럼 빌립보서는 감옥에서 쓴 편지라고는 믿을 수 없을 만큼 기쁨에 대해 이야기한다. '기쁨', '기뻐하다'라는 단어가 총 16회, 모든 장에 걸쳐 언급된다. 1장은 그리스도의 복음에 합당하게 생활할 것을, 2장은 그리스도의 겸손을 본받을 것을, 3장은 그리스도 예수를 아는 지식을 가질 것을, 4장은 그리스도와 그분의 능력 안에서 항상 기뻐할 것을 이야기한다.

필사하면서 '기쁨', '기뻐하다'라는 단어가 나오면 자신의 상황과 관계없이 주 안에서 신령한 기쁨을 누려 보자.

1

2

3

4

5

6

7

8

9

10

11

12

13

14

15

16

17

18

19

20

21

22

23

24

25

26

27

28

29

30

2

2

3

4

5

6

7

8

9

10

11

12

13

14

15

16

17

18

19

20

21

22

23

24

25

26

27

28

29

30

3

2

3

4

5

6

7

8

9

10

11

12

13

14

15

16

17

18

19

20

21

4

2

3

4

5

6

7

8

9

10

11

12

13

14

15

16

17

18

19

20

21

22

23

골로새서

대상 : 골로새 성도들

목적 : 골로새 교회 내 잘못된 이단 사상을 경고하고 그리스도의 참 진리를 가르쳐 줌으로써 교회를 바로 세우기 위함이다.

주제 : 예수님이 하나님이시고, 만물의 으뜸이시며, 진리의 실체이시다.

구절 : "그 안에는 신성의 모든 충만이 육체로 거하시고 너희도 그 안에서 충만하여졌으니 그는 모든 통치자와 권세의 머리시라"(골 2:9-10).

내용 : 골로새서는 바울이 로마 감옥에서 골로새 성도들에게 쓴 옥중서신(총 4장)이다. 당시 골로새 교회 설립자인 에바브로는 유대 종교와 이방 종교가 혼합된 이단 사상을 가르치는 거짓 교사들로 인해 혼란에 빠진 교회의 문제를 들고 감옥에 있는 바울을 찾았다. 바울은 한 번도 본 적 없는 골로새 성도들을 사랑하는 마음으로 거짓 가르침에 미혹되지 말 것과 만물의 으뜸이시며 진리의 실체이신 예수 그리스도를 알려 주고자 이 편지를 썼다.

골로새는 에베소에서 약 160km 떨어진 지역에 위치했는데, 내륙 지방으로 통하는 대로에 있어 무역의 중심지 역할을 했고, 지리상 다양한 사상이 혼합되어 우상 숭배가 성행했다. 그 영향이 골로새 교회를 피해 가지 못했던 것이다. 그럼에도 골로새 성도들은 그리스도를 믿는 믿음이 크게 흔들리지는 않아 바울은 하나님께 감사드린다는 말로 편지를 시작한다.

그렇다면 골로새 성도들을 흔드는 거짓 교사들의 잘못된 가르침에 대한 바울의 답변은 무엇인가? 올바른 기독론을 확립하는 것, 즉 '그리스도는 누구신가?'를 교리적으로 가르치는 것이다. 그리스도의 우월성을 알리는 골로새서에서 바울은 그리스도만이 모든 것의 모든 것이심을 강조하기에 그 어조가 강하고 직접적이다. 1-2장은 교리적인 내용으로 '그리스도는 누구신가?'와 거짓 가르침에 대해서 다루고, 3-4장은 실천을 강조하면서 '그리스도와 함께하는 새사람은 어떤 삶을 살아가는가?'를 이야기한다.

골로새서를 필사하면서 바울이 소개하는 그리스도를 깊이 묵상해 보자. 그 예수님이 누구신지 스스로에게 질문하자. 마지막 절을 필사한 후 그리스도가 누구신지 나만의 언어로 주님께 올려 드리자.

1

2

3

4

5

6

7

8

9

10

11

12

13

14

15

16

17

18

19

20

21

22

23

24

25

26

27

28

29

2

2

3

4

5

6

7

8

9

10

11

12

13

14

15

16

17

18

19

20

21

22

23

3

2

3

4

5

6

7

8

9

10

11

12

13

14

15

16

17

18

19

20

21

22

23

24

25

4

2

3

4

5

6

7

8

9

10

11

12

13

14

15

16

17

18

데살로니가전서

대상 : 데살로니가 성도들

목적 : 환난 중에 있는 데살로니가 성도들의 믿음과 사랑을 격려하고 그리스도의 재림에 관한 참 진리를 가르쳐 줌으로 소망을 주기 위함이다.

주제 : 다시 오실 예수 그리스도만이 우리의 소망이시다.

구절 : "평강의 하나님이 친히 너희를 온전히 거룩하게 하시고 또 너희의 온 영과 혼과 몸이 우리 주 예수 그리스도께서 강림하실 때에 흠 없게 보전되기를 원하노라"(살전 5:23).

내용 : 데살로니가전서는 바울이 데살로니가 성도들에게 보낸 첫 번째 편지(총 5장)로서 바울서신 중 가장 초기 저작이다. 데살로니가는 유명한 항구 도시로서 마게도냐 지방의 수도요, 오늘날 그리스 지역이다. 당시 육로, 해로, 철로의 중심지였는데, 사람들의 왕래가 잦아 복음을 전하기에 최적의 장소였다.

바울은 제2차 전도 여행 때 데살로니가를 방문해 유대인의 회당에서 복음을 전했다. 하지만 유대인들의 폭동과 심한 박해에 아쉽게도 3주 만에 데살로니가를 떠나야 했고, 이후 베뢰아에서 아덴으로, 아덴에서 고린도로 갔다.

데살로니가를 떠나온 바울은 복음을 접한 지 얼마 되지 않은 사람들이 핍박 가운데서 신앙을 굳건히 지킬 수 있을지 염려되어 디모데를 보냈다. 이후 데살로니가 성도들에 대한 좋은 소식을 듣고, 그들의 믿음과 사랑을 칭찬하며 권면하고 박해 중에도 신앙을 굳건히 하고 재림 신앙 및 성도의 부활에 대한 잘못된 지식을 교정하고자 이 편지를 썼다. 1-3장에서는 데살로니가 성도들의 믿음과 사랑을 칭찬한 후 '그리스도인은 어떻게 구원받았는가?'에 대해 설명하고, 4-5장에서는 '구원받은 그리스도인은 어떻게 살아야 하는가?'를 이야기한다.

"항상 기뻐하라 쉬지 말고 기도하라 범사에 감사하라 이것이 그리스도 예수 안에서 너희를 향하신 하나님의 뜻이니라"(살전 5:16-18). 데살로니가전서를 필사하면서 이 구절만큼은 암송하자. 그리고 기뻐하고 기도하며 감사하자. 이것이 하나님의 말씀을 사랑하는 나를 향한 하나님의 뜻이다.

1

2

3

4

5

6

7

8

9

10

2

2

3

4

5

6

7

8

9

10

11

12

13

14

15

16

17

18

19

20

3

2

3

4

5

6

7

8

9

10

11

12

13

4

2

3

4

5

6

7

8

9

10

11

12

13

14

15

16

17

18

5

2

3

4

5

6

7

8

9

10

11

12

13

14

15

16

17

18

19

20

21

22

23

24

25

26

27

28

데살로니가후서

대상 : 데살로니가 성도들

목적 : 바울의 편지를 받은 데살로니가 성도들 중 그리스도의 재림에 관한 가르침을 오해한 이들에게 바른 진리를 알려 주기 위함이다.

주제 : 건강한 재림 신앙과 그리스도인의 삶의 방향 제시

구절 : "그러므로 형제들아 굳건하게 서서 말로나 우리의 편지로 가르침을 받은 전통을 지키라"(살후 2:15).

내용 : 데살로니가후서는 바울이 데살로니가 성도들에게 첫 번째 편지를 보낸 후 몇 개월 지나지 않아 다시 보낸 두 번째 편지다. 데살로니가 교회는 날로 더해 가는 박해 가운데서도 짧은 기간 급성장했을 뿐 아니라 믿음의 본으로 소문난 교회로서 바울이 칭찬과 권면을 아끼지 않았다. 그런데 앞서 보낸 편지를 통해 그리스도의 재림에 대한 바울의 가르침을 오해한 이들이 더러 있어 오해를 풀고 다시 한 번 올바른 지침을 가르쳐 주기 위해 두 번째 편지(총 3장)를 보냈다.

1장은 박해당하는 데살로니가 성도들을 향한 격려를, 2장은 그리스도의 재림에 관한 올바른 가르침을, 3장은 성도들에게 낙심하지 말고 그리스도의 재림까지 기다리라고 교훈한다. 특히 이 서신은 바울이 친필로 서명했음을 밝히는데(살후 3:17), 바울의 이름을 쓴 가짜 편지가 극성이었기에 확실히 바울의 친서임을 밝히기 위해서였다.

데살로니가후서에서 느껴지는 분위기는 데살로니가전서에 비해 다소 무겁고 엄격하다. 사랑하는 마음으로 훈계하는 엄위한 아버지의 모습이 연상된다. 데살로니가전서가 데살로니가 성도들의 믿음과 사랑에 대한 애정 어린 충고와 권면에 비중을 더 두었다면, 후서는 잘못된 재림 신앙을 가지고 극단적 삶을 살아가는 성도들을 책망하는 데 무게가 더 실렸기 때문이다. 그들을 향해 바울은 "게으름을 경계하고 자신에게 맡겨진 작은 일에 최선을 다하며 그리스도의 날을 기다리라"고 강권하며 편지를 마무리한다.

격려가 필요할 때, 때로 나태한 신앙에 대한 날카로운 지적이 필요할 때 필사해 둔 데살로니가후서를 펴자.

1

2

3

4

5

6

7

8

9

10

11

12

2

2

3

4

5

6

7

8

9

10

11

12

13

14

15

16

17

3

2

3

4

5

6

7

8

9

10

11

12

13

14

15

16

17

18

디모데전서

대상 : 바울이 사랑하는 영적 아들이자 동역자 디모데

목적 : 에베소 교회를 섬기는 디모데에게 복음을 수호할 것을 당부하고 실제적인 목회 지침을 제시해 좋은 목회자로서 주님의 교회를 잘 돌보게 하기 위함이다.

주제 : 젊은 목회자를 위한 실제적 목회 지침서

구절 : "너로 하여금 하나님의 집에서 어떻게 행하여야 할지를 알게 하려 함이니 이 집은 살아 계신 하나님의 교회요 진리의 기둥과 터니라"(딤전 3:15).

내용 : 바울이 사랑하는 영적 아들이자 동역자 디모데에게 보낸 첫 번째 편지로, 목회서신(디모데전서, 디모데후서, 디도서) 중 하나다. 목회서신은 바울이 목회자 개인에게 보낸 편지로서 교회서신과 달리 교회 치리에 관한 목회 지침을 담고 있다는 특징을 가진다. 노(老)목회자가 30대 초반인 젊은 후배 목사로서 에베소 교회를 담임하고 있는 디모데를 "아들 디모데야"(딤전 1:18)라고 부르며 그간의 연륜에서 얻은 노하우를 전수하는 내용을 담고 있다.

디모데전서는 총 6장으로 세 부분으로 나뉘는데, 먼저 1장에서 바울은 율법주의를 비판하며 경계할 것을 이야기한다. 이는 당시 에베소 교회에 영지주의 거짓 교사들의 잘못된 가르침이 들어와 성도들을 미혹했기 때문이다. 바울은 연소한 디모데가 다른 교훈을 가르치지 말고 복음의 진리 및 순수성을 수호하도록 당부했다. 이어서 2-3장에서는 목회 사역에 관한 여러 지침을 알려 주고, 4-6장에서는 목회자의 바른 자세에 대해 다룬다.

디모데의 가정은 바울이 제1차 전도 여행 때 루스드라에서 전한 복음을 듣고 그리스도인이 되었다. 이후 바울이 제2차 전도 여행 때 다시 루스드라를 방문했는데, 그 후 디모데는 바울의 동역자가 되었다. 디모데의 이름 뜻은 '하나님을 영화롭게 한다'인데, 이름에 걸맞게 바울의 후계자로서만 아니라 바울의 영적 아들로서 그의 곁을 지켰다.

"아들 디모데야"라고 부르며 애정 어린 권면을 아끼지 않는 바울 편지의 수신자가 자신이라고 생각하며 필사해 보자. 필사할 때마다 바울의 권면이 더욱 와닿을 것이다.

1

2

3

4

5

6

7

8

9

10

11

12

13

14

15

16

17

18

19

20

2

2

3

4

5

6

7

8

9

10

11
12

13

14

15

3

2

3

4

5

6

7

8

9

10

11

12

13

14

15

16

4

2

3

4

5

6

7

8

9

10

11

12

13

14

15

16

5

2

3

4

5

6

7

8

9

10

11

12

13

14

15
16

17

18

19

20

21

22

23

24

25

6

2

3

4

5

6

7

8

9

10

11

12

13

14

15

16

17

18

19

20

21

디모데후서

대상 : 바울이 사랑하는 영적 아들이자 동역자 디모데

목적 : 보고 싶은 디모데에게 자신을 만나러 오라고 부탁하고, 자신의 순교가 임박했음을 깨닫고 마지막 교훈 및 유언을 남기기 위함이다.

주제 : 복음과 함께 고난을 받으라.

구절 : "내가 믿는 자를 내가 알고 또한 내가 의탁한 것을 그날까지 그가 능히 지키실 줄을 확신함이라"(딤후 1:12).

내용 : 바울이 디모데에게 쓴 두 번째 편지로, 그의 마지막 서신이다. 바울은 자신이 곧 순교할 것을 깨닫고 지난 생애를 회고하며 디모데에게 이 사실을 알려 믿음에 굳게 설 것을 당부하고자 했다. 디모데는 나이가 어리고 소심하며 민감했기에 사역하며 어려움을 겪었다. 바울은 디모데에게 용기를 주려고 '그리스도 예수의 좋은 병사'라고 불렀다.

디모데전서가 목회 지침서로서 교리적 성격이 강하다면, 후서는 목회자의 개인 영성과 성품이라는 실천적인 부분을 강조한다. 디모데에 대한 인간적인 염려와 그의 목회 생활을 격려하는 내용을 읽다 보면 따뜻함이 느껴진다. 한편 죽음을 앞둔 노(老)사역자의 쓸쓸함과 인간미마저 느낄 수 있다.

디모데후서(총 4장)는 1-2장에서 목회자의 자세에 대해 다루고, 3-4장에서는 복음 사역자로서 직무에 충실할 것을 권면한다. 편지에 담긴 바울의 유언적 메시지는 복음과 함께 고난을 받고, 진리의 말씀을 옳게 분별하고, 깨끗하고 온유한 삶을 살고, 배우고 확신한 일에 거하고, 때를 얻든지 못 얻든지 말씀을 전파하라는 것이다. 특별히 디모데후서 4장 6-8절에는 바울의 회고담과 함께 마지막 간증이 실려 있는데, 읽는 이의 마음에 큰 울림을 준다. 옥중에서의 고백이라 감동이 배가된다.

바울의 이 고백이 슬프기보다는 비장함과 기대감이 느껴지는 이유는 끝이 아니라 의의 면류관을 향한 시작이기 때문이다. 디모데후서를 유언이라는 무게에 짓눌려 무거운 마음으로 필사하기보다 햇빛보다 더 밝은 천국을 떠올리며 달려갈 길을 향하는 용기 있는 병사처럼 힘차게 행진하듯 써 보자.

1

2

3

4

5

6

7

8

9

10

11

12

13

14

15

16

17

18

2

2

3

4

5

6

7

8

9

10

11

12

13

14

15

16

17

18

19

20

21

22

23

24

25

26

3

2

3

4

5

6

7

8

9

10

11

12

13

14

15

16

17

4

2

3

4

5

6

7

8

9

10

11

12

13

14

15

16

17

18

19

20

21

22

디도서

대상 : 그레데섬에서 목회하는 바울의 영적 아들이자 동역자 디도

목적 : 디도의 목회 사역을 격려하고, 거짓 교사의 가르침과 이단 사상을 경계할 것을 경고하고, 교회를 진리 가운데 바르게 세워 선한 삶을 살도록 지도하기 위함이다.

주제 : 젊은 목회자를 위한 실제적 목회 지침서

구절 : "범사에 네 자신이 선한 일의 본을 보이며 교훈에 부패하지 아니함과 단정함과 책망할 것이 없는 바른 말을 하게 하라 이는 대적하는 자로 하여금 부끄러워 우리를 악하다 할 것이 없게 하려 함이라"(딛 2:7-8).

내용 : 바울의 영적 아들이자 동역자이며, 당시 그레데섬에서 목회하고 있던 디도에게 보낸 편지다. 디도서는 디모데전후서와 함께 목회서신에 속한다. 바울은 디도와 함께 그레데섬에 들어가 복음을 전했는데, 이후 디도에게 그곳 목회를 맡겼다. 그레데섬은 바울 당시 거짓과 교만, 배신, 탐욕이 가득한 도시로 평판이 나 있었다. 바울은 거짓 가르침으로 혼란한 상황에 처했을 디도가 염려되었고, 목회자로서 어떻게 지도력을 발휘해야 할지를 돕고자 매우 실천적인 목회 지침을 담아 이 편지를 썼다.

바울은 디도를 "나의 참 아들"(딛 1:4)이라고 불렀고, 사랑하는 제자 디도가 보고 싶어 급히 니고볼리로 오라고 요청했다(딛 3:12).

디도서는 "디모데전서의 축소판"이라 불린다. 디모데전서가 목회 지침서로서 사역자의 자세에 보다 강조점을 두었다면, 디도서는 교회의 조직에 관한 내용에 무게가 더 실렸다는 점에서 차이가 있다. 디도서는 목회서신 중에서 가장 이론적이며 신학적이라 평가받는다. 1장에서는 교회 지도자인 장로의 자격을 이야기하며 거짓 교사들을 경계하고, 그레데섬에 사는 사람들의 악한 행동에 대해 엄히 책망할 것을 권면한다. 2-3장에는 목회자인 디도에게 바른 교훈에 합당한 말을 할 것과 선한 일을 가르치라는 교훈을 담았다.

디도서를 필사하면서 현대인의 교회 생활 및 사회 생활 지침서라 생각하며, 자신에게 부족한 부분들을 보완하는 기회로 삼으면 좋겠다.

1

2

3

4

5

6

7

8

9

10

11

12

13

14

15

16

2

2

3

4

5

6

7

8

9

10

11

12

13

14

15

3

2

3

4

5

6

7

8

9

10

11

12

13

14

15

빌레몬서

대상 : 빌레몬, 압비아, 아킵보, 빌레몬의 집에 있는 교회

목적 : 바울을 통해 복음을 듣고 그리스도인이 된 노예 오네시모를 주인인 빌레몬에게 돌려보내며 그를 용서하고 사랑하는 형제로서 다시 맞아 줄 것을 부탁하기 위함이다.

주제 : 그리스도인의 사랑과 용서의 삶

구절 : "이후로는 종과 같이 대하지 아니하고 종 이상으로 곧 사랑받는 형제로 둘 자라 내게 특별히 그러하거든 하물며 육신과 주 안에서 상관된 네게랴"(몬 1:16).

내용 : 빌레몬서는 옥중서신으로, 기록한 시기도 비슷할 것으로 추정된다. 당시 로마 사회에서는 노예들이 도망하는 경우가 종종 있었다. 오네시모 역시 그들 중 하나로, 주인 빌레몬에게 해를 끼치고 달아난 노예였다. 당시 로마법에 의하면 도망친 노예는 사형에 처해질 수도 있었다. 그런데 오네시모가 로마로 도망쳐 왔다가 바울을 만나 복음을 듣고 회심해 그리스도인이 되었다.

오네시모는 바울에게 매우 유익한 존재였다(몬 1:11). 그러나 바울의 입장에서는 도망친 노예를 자기 곁에 머물게 할 권리가 전혀 없어 이 편지와 함께 오네시모를 그의 주인 빌레몬에게 돌려보냈다. 그러면서 "사랑받는 형제"(몬 1:16)로 오네시모를 영접해 줄 것과 오네시모가 입힌 손해가 있다면 자신이 대신 계산하겠다는 제안을 했다.

빌레몬서는 1장으로서 짧지만 바울의 다른 편지들이 지닌 전형적인 구조를 지닌다. 편지를 쓴 사람과 받는 사람을 밝히며 은혜와 평강을 기원하는 인사말, 감사의 말, 오네시모를 사랑으로 받아 주라는 편지의 본문, 맺음말 등이다.

빌레몬서는 오네시모라는 한 개인에 대한 특별한 용서를 부탁하는 개인적 성격의 편지다. 이 짧은 서신에는 예수 그리스도 안에서 이루어지는 아름다운 용서와 사랑, 그리고 신분을 뛰어넘는 형제애가 표현되어 예수 그리스도의 보다 근원적인 가르침을 들려준다.

마르틴 루터의 말을 확대하자면 모든 성도는 그리스도 안에서 오네시모일 뿐 아니라, 빌레몬이며, 바울이기도 하다. 내가 오네시모라면, 빌레몬이라면, 바울이라면 어떠한 심정에서 이 서신을 바라보았을지 묵상하고, 그 묵상의 흔적을 필사를 통해 남겨 보자.

1

2

3

4

5

6

7

8

9

10

11

12

13

14

15

16

17

18

19

20

21

22

23

24

25

히브리서

대상 : 유대 그리스도인들

목적 : 기독교 신앙의 필요 및 그리스도의 우월성을 일깨우고 기독교를 변증하기 위함이다.

주제 : 어제나 오늘이나 영원토록 동일하신 예수 그리스도를 바라보자.

구절 : "믿음의 주요 또 온전하게 하시는 이인 예수를 바라보자 그는 그 앞에 있는 기쁨을 위하여 십자가를 참으사 부끄러움을 개의치 아니하시더니 하나님 보좌 우편에 앉으셨느니라"(히 12:2).

내용 : 히브리서는 많이 읽히고 설교되지만 상당히 어려운 책이다. 히브리서 저자는 배교의 위험에 처한 1세기 그리스도인들을 격려하기 위해 이 책을 기록했다. 예수님이 부활, 승천하신 후 많은 시간이 흘렀고 유대교에서 개종한 그리스도인들은 여전히 신앙의 초보 수준이었다. 그들은 외부로부터 심한 박해를 당했고, 내부적으로는 그리스도의 재림에 대한 소망이 갈수록 약해져 옛 종교인 유대교로 돌아가려는 배교의 경향이 짙어져 갔다.

저자는 구약성경을 그리스도 중심으로 자세히 풀어 가며 유대교의 주장을 반박했고, 기독교의 탁월함을 증명하고자 했다. 아울러 기독교의 핵심이자 전부이신 예수 그리스도를 설명하면서 그리스도가 우월하심을 강조하며 인내하는 믿음을 가질 것과 그리스도의 믿음 안에서 살 것을 권면했다.

히브리서는 구약성경을 자주 인용하는데 오늘날 우리에게는 다소 낯설지만 당시 유대인들에게는 이해하기 쉬운 복음이었다. '제사', '제물', '제사장' 등 구약적 용어가 자주 등장하기에 '신약의 구약성경', '신약의 레위기서' 등의 별칭으로 불리고, 구약에 대한 최고의 주석이라고 할 수 있다.

1장부터 10장 18절까지 우월하신 그리스도와 그분의 사역을 이야기하고, 10장 19절부터 13장에서는 그 우월하신 그리스도를 믿는 믿음 안에서 사는 그리스도인에 대해 설명한다. 11장은 믿음의 선진들의 목록이 나오는데, '믿음장'으로 유명하다.

흔들리는 세상에서 우리가 바라보아야 하는 궁극적 소망은 오직 예수 그리스도시다. 어려울 수 있는 히브리서를 필사하면서 '예수 그리스도'를 가리키는 모든 표현들만 적어 두는 것도 큰 힘이 될 것이다.

1

2

3

4

5

6

7

8

9

10

11

12

13

14

2

2

3

4

5

6

7

8

9

10

11

12

13

14

15

16

17

18

3

2

3

4

5

6

7

8

9

10

11

12

13

14

15

16

17

18

19

4

2

3

4

5

6

7

8

9

10

11

12

13

14

15

16

5

2

3

4

5

6

7

8

9

10

11

12

13

14

6

2

3

4

5

6

7

8

9

10

11

12

13

14

15

16

17

18

19

20

7

2

3

4

5

6

7

8

9

10

11

12
13
14
15
16
17
18
19
20
21
22
23
24
25
26

27

28

8

2

3

4

5

6

7

8

9

10

11

12

13

9

2

3

4

5

6

7

8

9

10

11

12

13

14

15

16

17

18

19

20

21

22

23

24

25

26

27

28

10

2

3

4

5

6

7

8

9

10

11

12

13

14

15

16

17

18

19

20

21

22

23

24

25

26

27

28

29

30

31

32

33

34

35

36

37

38

39

11

2

3

4

5

6

7

8

9

10

11

12

13

14

15

16

17

18

19

20

21

22

23

24

25

26

27

28

29

30

31

32

33

34

35

36

37

38

39

40

12

2

3

4

5

6

7

8

9

10

11

12

13

14

15

16

17

18

19

20

21

22

23

24

25

26

27

28

29

13

2

3

4

5

6

7

8

9

10

11

12

13

14

15

16

17

18

19

20

21

22

23

24

25

나의 사랑하는 필사 말씀 모음

필사를 하는 동안 마음에 와닿은 말씀들을 따로 모아 적어 둡니다.
해당 본문에서 말씀으로 주님이 어떻게 다가오셨는지 한눈에 확인할 수 있습니다.
적어 두면 날아가지 않습니다.

나의 사랑하는 필사 일기

필사하는 동안 드렸던 기도제목과 기억에 남는 에피소드를 적어 두세요.
다음 기회에 또 자연스럽게 필사를 시작할 수 있습니다.
신앙 유산으로 남기거나 선물할 경우 귀한 도전과 감동이 됩니다.

필사를 마치며 드리는 기도

한 권의 필사를 마치면서 주님께 감사기도를 드려 보세요.
어떤 말씀과 어떤 기도의 응답을 받았는지, 주님과 말씀으로
독대하면서 어떤 은혜들을 받았는지 솔직하게 고백해 보세요.